P. Antonio Sagardoy OCD

THÉRÈSE VON LISIEUX

Mein Weg ist Vertrauen

Texte zur Besinnung

Verlag Christliche Innerlichkeit
Wien

Die Deutsche Bibliothek - CIP-Einheitsaufnahme

Sagardoy, Antonio:

Thérèse von Lisieux: Mein Weg ist Vertrauen;
Texte zur Besinnung/Antonio Sagardoy. –
1. Aufl. - Wien: Verl. Christliche Innerlichkeit, 1997

ISBN 3-901797-02-5

1. Auflage 1997
Verlag: Christliche Innerlichkeit
1190 Wien, Silbergasse 35
Druck: Landesverlag Druckservice Linz

ISBN 3-901797-02-5

Überblick

Vorwort

Die Begegnung mit den Schriften Thérèses führt zur Entdeckung ihres tiefen Glaubens. Wiederholt verwendet sie Bilder und Symbole - so wie vor ihr die großen Mystiker des Karmel (Teresa von Avila und Johannes vom Kreuz) - in der Hoffnung, leichter ihre Erfahrungen mit Gott beschreiben zu können.

Die Bilder und Vergleiche von Thérèse durchzumeditieren bedeutet, mit einer Fülle von tiefen Erlebnissen konfrontiert zu werden:
Ihr Lebensweg ist kurz,
jedoch nicht ohne Dornen,
sie weiß sich von Gott getragen,
ihre Hingabe an Ihn reift durch Krisen.
Das Ende ihres Lebens ist von Dunkelheit umhüllt,
Glaubenszweifel geben ihr den letzten Schliff.

Mystiker verstehen zu wollen ist eine Aufgabe, die von uns viel innere Beweglichkeit verlangt, da wir nicht mehr gewohnt sind, in Bildern miteinander zu sprechen.
In der Begegnung mit Bildern dürfen wir nicht den Fehler machen, mathematisch exakt denken zu wollen:
Bilder wollen durchmeditiert,
lange Zeit angeschaut werden,
damit ihre Aussage richtig zum Ausdruck kommt.

Drei Grundthemen bilden den Rahmen unserer Texte zur Besinnung:

Selbstannahme,
Vertrauen,
Hingabe.

Der innere Zusammenhang dieser Begriffe ist groß. Ohne Selbstannahme oder ohne Vertrauen ist die Hingabe nicht möglich. Manche Menschen träumen von großartigen Aktionen, der Schritt der Selbstannahme würde ihr Leben zwar auf die Erde zurückholen, dafür aber lebenswert machen.

Dieses Büchlein will eine zweifache Aufgabe erfüllen:
- durch die Konfrontation mit kurzen Texten der hl. Thérèse will es Menschen das Gedankengut der Heiligen nahebringen und
- durch diese Kostprobe viele Menschen motivieren, die autobiographischen Schriften der heiligen Karmelitin selbst zu lesen.

P. Antonio Sagardoy

Thérèse von Lisieux

Der Lebensweg der hl. Thérèse von Lisieux dauert nicht lange. Es sind nur 24 Jahre, die sich in zwei Abschnitte gliedern:

die Zeit, die sie in der Familie verbringt,

das Leben im Karmel.

Die Familie

Louis Martin und Zélie Guerin heißen die Eltern Thérèses. Die Jüngste von neun Kindern erinnert sich mit Freude und Dankbarkeit an ihre Kindheit. Die 15 Jahre ihres Lebens in der Familie lassen sich in drei Perioden einteilen:

a) bis zum Tod ihrer Mutter:

* Geburt in Alençon am 2. Jänner 1873. Da ihre Mutter nicht in der Lage ist, sie zu stillen, verbringt sie mehr als ein Jahr bei einer Amme in Semallé.

* Tod ihrer Mutter Zélie am 28. August 1877. Dieser Verlust hinterläßt solche Spuren im Leben des Kindes, daß *ihr fröhlicher Charakter sich ändert.*

b) bis Weihnachten 1886:

* Verlassen des Geburtsortes Alençon und Übersiedlung nach Lisieux.

* Klostereintritt ihrer Schwester Pauline - die Thérèse als ihre zweite Mutter betrachtet - im Karmel. Diese neue Trennung zeigt Thérèse, daß das Leben ein ständiges Abschiednehmen ist.

In kurzer Zeit geschieht sehr viel im Leben des jungen Mädchens.

Die Familie Martin legt Wert darauf, daß ihre Kinder zurückgezogen leben und nicht viel Kontakt mit fremden Kindern pflegen. Die Kinder wachsen dadurch sehr behütet und abgeschirmt auf.

Wird das junge Mädchen dies alles verkraften können?

* Krankheit Thérèses. In ihren autobiographischen Schriften berichtet sie von einer Krankheit, deren Ursache im Zusammenhang mit dem Erlebten zu sehen ist...

c) bis zum Klostereintritt:

* Zu Weihnachten 1886 geschieht die eigentliche Wende im Leben des Mädchens Thérèse: In einem Augenblick weiß sie sich den Schuhen der Kindheit entwachsen, offen für die Mitmenschen und bereit, sich für die anderen einzusetzen.

* Die Zeit, die Thérèse in der Schule verbringt, ist für sie sehr anstrengend. Schulisch ist sie sehr begabt und bekommt gute Noten, ihre Mitschülerinnen aber sind auf sie eifersüchtig. Thérèse kann in ihrer Sensibilität diese Spannung nicht aushalten, sie verläßt die Schule. Schritt für Schritt gelangt sie an einen Tiefpunkt in ihrer inneren Entwicklung: übergroße Empfindlichkeit, sie weint sehr leicht, ist von Skrupeln geplagt. Sie fühlt sich einsam und träumt davon, in den Karmel zu gehen.

*Als alle ihr zur Verfügung stehenden Mittel nicht ausreichen, scheut Thérèse sich nicht, eine Reise nach Rom zu wagen. Anläßlich des goldenen Priesterjubiläums des Papstes, Leo XIII., möchte sie ihn ersuchen, ihr die Erlaubnis zu geben, mit 15 Jahren in den Karmel einzutreten.

Im Karmel

Drei Monate nach Vollendung ihres 15. Lebensjahres tritt Thérèse in den Karmel ein. Ihr intensives Bemühen um den Klostereintritt verrät ihren Charakter: sie ist kämpferisch, weiß, was sie will, setzt sich dafür ein...

Das Leben im Karmel wird die Vollendung ihres Werdeganges bedeuten:
Einkleidung,
Profeß,
Schleierfest sind die Schritte bis zur vollen Eingliederung in die Gemeinschaft. Bald stellt sich heraus, daß der Platz, den Thérèse einnehmen wird, immer der zweite ist: sie wird überall als Zweite fungieren.

Der Alltag bildet den Rahmen, um die Liebe zu Gott zu verwirklichen. Thérèse entdeckt, wie unvollkommen die Menschen sind und daß der gute Wille allein nicht genügt, um das Zusammenleben angenehm zu machen. Die Situation im Kloster von Lisieux ist geprägt durch mehrere Persönlichkeiten, die in bezug auf das Leben im Karmel verschiedene Sichtweisen haben. Der Jansenismus und die Richtung von Kardinal Bérulle haben Spuren in der religiösen Einstellung mancher Schwestern hinterlassen.
Trotz gegenseitiger Achtung entstehen Spannungen zwischen zwei Blöcken, die sich bilden. Thérèse steht genau dazwischen.

Thérèse befindet sich zwischen verschiedenen Kräften: Anziehungskraft, Sympathie, Blutsverwandtschaft, natürliche Abneigung, Bildung... und all diese Kräfte lassen sie reifen.
Für viele Schwestern ist Thérèse ein Sonnenschein,

für andere ein Aushängeschild,
einige sehen in der jungen Schwester ein Vorbild,
manche verwenden sie als Blitzableiter...
Wird diese junge Frau mit ihrer ausgeprägten Sensibilität dies alles aushalten?

Wunsch und Traum

In ihrer Kindheit träumte Thérèse davon, für den Herrn das Leben auf dem Schlachtfeld zu geben, mitten unter Feinden. Der Herr hat ihren Traum erfüllt, die Umstände jedoch geändert:
Der Schauplatz ist nicht ein Schlachtfeld, wie bei Jeanne d'Arc, sondern ein Kloster,
sie ist nicht von Feinden umringt, sondern von Mitschwestern.

Auch ihr Wunsch, als Märtyrin zu sterben, findet Erfüllung. Sie gibt ihr Leben hin, doch nicht auf einmal, in einem einzigen Moment der Großzügigkeit und durch eine Aktion, die sie berühmt macht vor den Menschen, sondern Schritt für Schritt im Alltag, in der Verborgenheit des Klosters.
Viele kleine Krisen lassen sie reifen. Viele Erfahrungen von Unzulänglichkeit helfen ihr, am Boden zu bleiben, viele Nadelstiche im Zusammenleben lassen sie selbstlos werden.

Thérèse lebt in der Gewißheit, daß der Herr sie richtig führt, sie weiß sich von Gott angenommen, und dadurch kann sie auch sich selbst und die anderen annehmen.

Nicht nur Engel sind es, die Thérèse auf den Klostergängen entgegenkommen. In ihren autobiographischen Schriften spricht sie von den Eigenheiten mancher Schwestern, die das Zusammenleben nicht unbedingt angenehm machen: Mangel an Urteilskraft und Bildung...

Ihren Augen entgeht allerdings auch nicht die innere Größe und die Heiligkeit mancher Schwestern, wie sie es in einem Brief an Bellière berichtet.

TBC-krank

Zehn Jahre verbringt Thérèse im Karmel. In dieser kurzen Zeit geschieht viel Heilung und Verwandlung. Thérèse hat Gott nie darum gebeten, jung zu sterben, im Inneren spürt sie aber, daß die Krankheit immer mächtiger wird.

In verschiedenen Momenten wird ihr die Tatsache ihrer Krankheit bewußt. Ihr Wunsch etwa, in die Mission nach Tonking zu fahren, kann nicht Wirklichkeit werden, weil ihr Körper diese Strapazen nicht aushalten könnte.

Körperliche und geistige Schmerzen bereiten ihr große Probleme. Ihre ganze Glaubenskraft ist notwendig, um diese Wegstrecke ohne Umfallen zu bewältigen. In ihren Gedichten kommt ihre Sehnsucht zum Ausdruck: *Ich besinge, was ich glauben will*, sagt sie eines Tages zu einer Mitschwester.

Im April 1896 zeigt der erste Blutsturz, wie weit die Krankheit von Thérèse schon fortgeschritten ist. Langsame Entfernung von der Gemeinschaft ist die Folge, bis Thérèse am 8. Juli 1897 in die Krankenwärterei des Klosters kommt.

Ab Ende Juli plagen Thérèse ständige Blutungen und Erstickungsanfälle. Sie stirbt am 30. September 1897.

Selbstannahme

a) Veilchen

b) Klein und groß

c) Eine Null

d) Der Pinsel

d) Kleine Kinder

Veilchen

Er stellte mir das Buch der Natur vor Augen, und ich begriff, daß alle Blumen, die Er geschaffen hat, schön sind, daß die Pracht der Rose und der weiße Glanz der Lilie dem kleinen Veilchen seinen Duft nicht rauben noch dem Maßliebchen seine entzückende Schlichtheit... Ich begriff: wenn alle kleinen Blumen Rosen sein wollten, so verlöre die Natur ihren Frühlingsschmuck, und die Fluren wären nicht mehr übersät mit kleinen Blümchen...

Er wollte die großen Heiligen schaffen, vergleichbar den Lilien und den Rosen; aber Er hat auch kleinere geschaffen... Die Vollkommenheit besteht darin, Seinen Willen zu tun, das zu sein, was Er will, daß wir seien...
(Autobiographische Schriften, S. 5)

Vor Gott sind Seine Werke gut,
klein und groß besitzen einen unantastbaren Wert.
Die Einmaligkeit kann mir niemand rauben.
Sie ist der mir gegebene Rahmen,
um im Dienste Gottes zu leben.
Jede Kopie oder Nachahmung anderer
bedeutet Entartung,
Sich-Entfernen von der eigenen Sendung.

Nicht jedes Auge entdeckt -
verblendet von gewissen Vorstellungen, Erwartungen -
die Schönheit einer jeden Blume,

nicht jeder Mensch
entdeckt den Wert seiner Mitmenschen,
vielleicht weil seine Augen krank sind
oder weil er sie nicht weit genug öffnet.

Gott hat jedem Menschen die Gewißheit gegeben,
daß wir in unserem Wesen nicht austauschbar sind
austauschbar nur in unseren Funktionen.
Die Einmaligkeit unseres Wesens gibt uns Kraft,
aus Dankbarkeit und Überzeugung stolz zu sein
auf das, was der Herr aus uns gemacht hat:
die Großen dürfen groß sein ohne schlechtes Gewissen,
die Kleinen können klein sein ohne Komplexe,
die Fähigen dürfen fähig sein ohne Stolz,
die Minderbegabten können leben ohne Neid.

Wenn wir vollkommen sein wollen,
werden wir auf das eine Notwendige hingewiesen:
das zu sein, was Gott von mir will,
das zu geben, was Gott von mir erwartet,
das zu tun, was meinem Sosein entspricht.

Die Leistung meiner Mitmenschen
ist nicht der Maßstab für meine Leistung,
die Heiligkeit meiner Mitmenschen
ist nicht der Maßstab für meine Heiligkeit,
die Oberflächlichkeit meiner Mitmenschen
ist nicht der Maßstab für meine Lebensgestaltung.

Menschen gehen mit mir, neben mir,
vor mir oder nach mir...
Gott aber betrachtet uns als Individuen,
nicht als Massenprodukte.

Klein und groß

So wie die Sonne zugleich die Zedern und jede kleine Blume bescheint, als wäre nur sie auf der Erde, so befaßt sich unser Herr mit jedem einzelnen Menschen, als ob er seinesgleichen nicht hätte. Und wie in der Natur alle Jahreszeiten so geordnet sind, daß an dem ihm bestimmten Tag das bescheidenste Gänseblümchen erblühen kann, so wirkt alles zusammen zum Wohl einer jeden Seele.
(Autobiographische Schriften, S. 5-6)

Klein und groß sind Begriffe,
die unser Denken und Fühlen
in eine ganz bestimmte Richtung lenken:
groß ist erstrebenswert, denken viele,
klein ist zu meiden.
Mit dieser Brille betrachten wir all das,
was in uns und um uns geschieht.

Das Leben aber lehrt uns etwas anderes:
Es gibt Menschen, Bäume, Dinge,
die groß werden müssen,
sonst sind sie steckengebliebene Fehlentwicklungen,
die wir mitleidig anschauen;
es gibt aber genauso Dinge,
die von Natur aus klein bleiben müssen,
wenn sie sich nicht zu Monstren entwickeln wollen,
die für die Umgebung abstoßend sind.

Klein ist nicht gleichbedeutend mit schlecht,
groß ist nicht gleichzusetzen mit gut.
Klein- oder Großsein ist für sich genommen
keine Garantie für Qualität.
Klein- oder Großsein sind für sich
keine allgemeingültig anzustrebenden Tatsachen...
nur wenn es der Natur entspricht.

Kleine und große Menschen
haben ihre Daseinsberechtigung vor Gott;
klein und groß existieren vor Gott.
Für Große und Kleine kommt der Tag des Blühens,
der Erfüllung und der Vollendung;
für Große und Kleine scheint die Sonne,
für jeden ist Gott im Leben am Werk.

Weder die einen noch die anderen übersieht Er.
Niemand ist so groß,
daß er Gott verblendet;
niemand ist zu klein,
um von Gott übersehen zu werden.

Eine Null

Wie innig wird das Familienleben sein, das wir eine ganze Ewigkeit lang genießen dürfen! In der Erwartung dieser glückseligen Ewigkeit, die in kurzer Zeit beginnen wird, weil das Leben nur ein Tag ist, wollen wir miteinander für das Heil der Seelen arbeiten. Ich könnte nur wenig vollbringen oder rein nichts, wenn ich allein wäre. Was mich tröstet, ist der Gedanke, daß ich an Ihrer Seite doch nützlich sein kann. Tatsächlich ist die Null an sich wertlos, aber zu einer Eins gesellt, wird sie mächtig, vorausgesetzt, daß sie sich auf die richtige Seite stellt, hinter und nicht vor die Zahl! . . . Genau da hat Jesus mich hingestellt, und ich hoffe, immer da zu bleiben, indem ich Sie aus der Ferne in Gebet und Opfer begleite.

(Brief an P. Roulland, 9. Mai 1897)

Die Selbstbejahung ist ein guter Weg,
um die anderen zu bejahen.
Die Entdeckung der eigenen Fähigkeiten
läßt uns die Fähigkeiten der Mitmenschen erkennen;
die Konfrontation mit ihren Grenzen
führt uns zur Bejahung unserer eigenen Grenzen.

Es ist wichtig, sich selber zu sehen,
doch wir Menschen sind keine Insel,
wir leben mit anderen:
als Partner und Gefährten,
als Vorgesetzte und Untergebene,

als Verwandte,
Freunde oder Nachbarn...

Eines Tages werden wir einsehen,
welche Bereicherung die anderen für uns bedeuten:
wir werden eines Tages entdecken,
wir alle sind eine Familie,
alles gehört allen,
und wir bereichern einander.

Ich bin eine Null, ist eine Feststellung,
die in unseren Augen nicht erstrebenswert ist.
Thérèse macht mehr daraus,
sie sieht die Null im Licht der anderen:
Zu einer anderen Zahl gesellt, etwa einer Eins,
kann die Null mächtig werden.
Wichtig ist allerdings, den richtigen Platz zu finden,
nicht vor, sondern hinter der anderen Zahl.

Solche einfachen Sätze zwingen uns, nachzudenken.
Wir suchen nach Selbstverwirklichung...
dabei meinen wir,
daß sie uns allein gelingt, getrennt von den anderen.

Thérèse macht eine ganz andere Erfahrung.
Im Zusammenhang mit anderen werden wir stark:
die anderen sind nicht eine Gefahr,
wir brauchen auf sie nicht eifersüchtig zu sein,
lassen wir sie gelten,
die anderen erst machen uns wertvoller,
lassen wir uns von ihnen wertvoller machen.

Der Pinsel

Könnte die Leinwand, die ein Künstler bemalt, denken und sprechen, sie würde sich gewiß nicht beklagen, wieder und wieder von einem Pinsel betupft zu werden, und das Los dieses Werkzeugs auch nicht beneiden, denn es wäre ihr klar, daß sie nicht dem Pinsel, sondern dem ihn führenden Künstler die Schönheit verdankt, die sie bekleidet. Der Pinsel seinerseits könnte sich des mit ihm ausgeführten Meisterwerks auch nicht rühmen; er weiß, Künstler sind nicht verlegen, Schwierigkeiten überwinden sie spielend und bedienen sich mitunter auch gerne schwacher und schadhafter Werkzeuge...

Meine vielgeliebte Mutter, ich bin ein kleiner Pinsel, den Jesus gewählt hat, um Sein Bild in den Seelen zu malen, die Sie mir anvertraut haben. Ein Künstler bedient sich nicht nur eines einzigen Pinsels, er braucht deren mindestens zwei; der erste ist der nützlichere, mit ihm trägt er die Grundtöne auf, bedeckt er in kurzer Zeit die ganze Leinwand, der andere, kleinere dient ihm für die Einzelheiten.

(Autobiographische Schriften, S. 246)

Der Pinsel träumt davon, von einem Künstler benützt zu werden. Es bedeutet viel für ihn, in den Händen des Künstlers zu sein. Doch der Pinsel darf dabei den Boden unter den Füßen nicht verlieren: wichtiger als er ist zweifellos die Idee, die Hand des Künstlers.

Wir sind nur Werkzeuge,
die sich von der Hand des Herrn leiten lassen,

das Werk ist nicht unser eigenes Meisterwerk,
sondern das des Künstlers.

Nicht jeder Pinsel wird für die ganze Arbeit verwendet,
der eine für die Grundtöne,
der andere für die kleinen Details.
Für den Pinsel ist es nicht immer leicht:
er soll sich überlassen,
verfügbar bleiben,
da sein für Ihn, wenn Er uns braucht.
Entscheiden aber wird allein der Künstler,
wann und ob er uns verwenden will.

Wir brauchen auf einen anderen Pinsel
nicht eifersüchtig werden,
wenn der Künstler ihn uns vorzieht
oder ihn für größere, wichtigere Aufgaben verwendet.
Der Künstler weiß, warum er das tut...
Oder sind wir gar auf den Künstler selbst eifersüchtig,
weil er einen anderen Pinsel lieber hat?

Das Meisterwerk ist nicht Frucht des Pinsels,
sondern Werk des Künstlers...
dabei hat er sich eines
oder mehrerer Pinsel bedient.

Jeder Pinsel kann nützlich sein.
Was in unseren Augen nur ein schadhafter Pinsel ist,
kann in den Händen des Künstlers das Werkzeug sein,
ein Kunstwerk zu vollenden.

Kleine Kinder

Ich bin wirklich weit davon entfernt, eine Heilige zu sein, das allein schon ist ein Beweis dafür; statt mich über meine Trockenheit zu freuen, sollte ich sie meinem Mangel an Eifer und Treue zuschreiben; ich sollte trostlos darüber sein, daß ich (seit 7 Jahren) während meiner Betrachtungen und Danksagungen einschlafe; nun, es betrübt mich nicht... ich denke, die kleinen Kinder gefallen ihren Eltern ebensosehr, wenn sie schlafen, wie wenn sie wach sind; ich denke auch daran, daß die Ärzte ihre Patienten einschläfern, wenn sie eine Operation vornehmen. Schließlich denke ich: Der Herr kennt unsere Gebrechlichkeit und ist eingedenk, daß wir Staub sind.
(Autobiographische Schriften, S. 167)

Manches Versagen in unserer Religiosität
verletzt vor allem unseren Stolz,
da es nicht unseren Vorstellungen
von einem gut funktionierenden Gläubigen entspricht.
In solchen Fällen werden wir traurig.

Thérèse zeigt uns eine ganz andere Haltung:
gelassen mit den eigenen Grenzen umgehen,
Unzulänglichkeit annehmen,
Schattenseiten bejahen und im Leben integrieren.

Manchmal erwecken wir den Eindruck,
mit unseren guten Taten

Gott imponieren zu wollen.

Haben wir durchdacht,
was Gott in unserem Leben fasziniert?
- Nicht unsere Tüchtigkeit ist es,
nicht unsere Erfolge ziehen Sein Wohlwollen auf sich,
sondern unser Sosein gefällt Ihm.

- Gott ist nicht fasziniert von unserer Faulheit,
von unserem Nichts-tun,
von der Tatsache, daß wir unser Leben verschlafen,
sondern Gott fasziniert ganz einfach,
daß wir Seine Kinder sind.

Gott liebt uns als Seine Kinder,
und deswegen liebt Er uns immer:
wenn wir beim Gebet andächtig sind,
wenn wir dabei sehr fromme und gute Gedanken haben
und genauso wenn wir zerstreut sind oder
beim Beten einschlafen.
Er nimmt keinen Anstoß an unseren Schwächen,
der Herr kennt uns,
und weil Er uns so gut kennt,
liebt Er uns in jeder Situation.
Nicht was wir während des Gebetes tun,
was uns mehr oder weniger gelingt,
ist für Ihn entscheidend,
sondern daß wir da sind,
das freut Ihn.

Es entspricht nicht unseren frommen Idealen,
während des Gebetes einzuschlafen...
Thérèse, die darunter litt,
hat eine neue Erklärung dafür gefunden:

Sie erzählt von Ärzten,
die ihre Patienten vor der Operation einschläfern.

Die Zeit des Gebetes im Schlaf verbracht,
kann Therapie bedeuten,
wenn dieser Schlaf nicht so sehr Desinteresse,
sondern eine Anwendung Gottes ist.

Gott kann uns verwandeln,
Er kann uns heilen,
Fehlentwicklungen und Abhängigkeiten abschneiden.
Es kann die Zeit für Gottes Eingriffe sein:
Gott schlägt, doch Seine Hände heilen auch (Ijob 5).

Vertrauen

a) Versagen

b) Der Arzt

c) Gottes Pläne

d) Verletzung

e) Vertrauen

Versagen

Ah! mein lieber kleiner Bruder, seit es mir geschenkt wurde, in solcher Weise die Liebe des Herzens zu erfassen, gestehe ich Ihnen, daß es alle Furcht aus meinem Herzen vertrieben hat. Die Erinnerung an meine Fehler demütigt mich, veranlaßt mich, mich nie auf meine eigene Kraft, die nur Schwachheit ist, zu stützen, aber mehr noch spricht dieses Erinnern mir von Barmherzigkeit und Liebe.

Wie sollten auch, wenn man seine Fehler mit ganz kindlichem Vertrauen in die verzehrende Glut der Liebe hineinwirft - wie sollten sie nicht unwiderruflich verzehrt werden?

(Brief an Bellière, 21. Juni 1897)

Schon in der Bibel lesen wir den Gedanken,
den Thérèse als Ausdruck ihrer Erfahrung wiedergibt:
Wer mit Gottes Liebe in Berührung kommt,
wird von Furcht befreit
und bekommt ein weites Herz.

Die Erinnerung an unsere Fehler
hat eine doppelte Wirkung:
Sie hilft uns, unsere Grenzen zu sehen,
zu uns schwachen Menschen
in aller Wahrheit zu stehen;
zugleich bewirkt sie,
daß wir uns Gottes Barmherzigkeit und Liebe
bewußt werden.

Unsere Fehler
kommen gegen Gottes Liebe nicht auf,
sie sind ja wie ein Tropfen Wasser,
der in die Glut fällt:
er verdampft sofort,
wird unwiderruflich verzehrt.

Die Glut der Liebe Gottes ist
viel stärker als unser Versagen,
unendlich mächtiger.
Wir dürfen unsere Fehler nicht bagatellisieren,
sie aber auch nicht so hochspielen,
daß sie uns zur Verzweiflung bringen.

Gott ist größer als unsere Schuld,
Seine Liebe ist stärker
als unser Mangel an Liebe und Treue.
Gott geht mit unserer Schuld
anders um als wir Menschen.
Er denkt nicht mehr an unsere Sünden,
für Gott bedeutet verzeihen: vergessen.

Der Arzt

Ich weiß aber, daß niemand in eigener Sache ein guter Richter ist, und daß ein Kind, das vom Arzt einer schmerzhaften Operation unterzogen wird, unfehlbar laut schreit und behauptet, das Heilmittel sei schlimmer als das Übel; ist es jedoch nach einigen Tagen wieder gesund, so ist es ganz glücklich, erneut spielen und springen zu können. So verhält es sich auch mit den Seelen, sie sehen bald ein, daß oft ein wenig Bitterkeit dem Zucker vorzuziehen ist, und scheuen sich nicht, dies einzugestehen. Mitunter muß ich innerlich lächeln, wenn ich beobachte, welche Wandlung sich von einem Tag auf den andern vollzieht, es ist märchenhaft...

(Autobiographische Schriften, S. 252)

Arzt und Patient,
Operation und Heilung,
heute und Zukunft,
Bitterkeit und Zucker...
Diese Worte stellen unsere erste Reaktion in Frage,
das Sich-Aufbäumen gegen etwas,
was uns im ersten Moment überhaupt nicht schmeckt.

Es besteht ja ein Unterschied
zwischen Empfindung und Wirkung.
Wir denken manchmal oberflächlich,
achten auf den Geruch, den Geschmack,
den momentanen Schmerz,

der uns einen Schrei entlockt -
und denken dabei gar nicht an die Folgen.

Was süß schmeckt,
kann negative Folgen haben;
was bitter schmeckt,
kann positive, gesunde Folgen haben.

Dieser Text ist eine Einladung,
wesentlich zu leben,
bewußt die Dinge zu hinterfragen:
denn süß und negativ gehören nicht immer zusammen,
genausowenig wie bitter und positiv.

Wir sollen auch an die Folgen denken,
wir leben heute, denken aber auch an morgen:
manches macht uns mit der Zeit krank,
manches macht uns gesund und verwandelt uns...

Unser Leben wird gelingen,
wenn wir Schritte unternehmen,
die Heilung beinhalten
und uns eine Zukunft ermöglichen.
Unser Leben wird uns gelingen,
wenn wir lernen, Prioritäten zu setzen,
Provisorisches und Endgültiges zu erkennen,
Kurzsichtigkeit und Weitblick zu unterscheiden.
Unser Leben wird uns gelingen,
wenn wir Selbstvertrauen
und Vertrauen zu den anderen
miteinander in Einklang bringen.

Gottes Pläne

Meine Profeßexerzitien verliefen also, wie alle noch folgenden, in großer Dürre; trotzdem zeigte mir der liebe Gott, ohne daß ich mir dessen bewußt wurde, wie ich Ihm gefallen und die höchsten Tugenden üben könne. Ich habe oftmals bemerkt, daß Jesus mir keine Vorräte geben will; Er nährt mich jeden Augenblick mit einer ganz neuen Nahrung; ich finde sie in mir vor, ohne zu wissen, wie... Ich glaube ganz einfach, daß Jesus selbst, im Grunde meines armen kleinen Herzens verborgen, mir die Gnade erweist, in mir zu wirken, und daß Er mir alles eingibt, was ich nach Seinem Willen im gegenwärtigen Augenblick tun soll.

(Autobiographische Schriften, S. 167-168)

Dürre und Trockenheit lassen in uns
Gedanken des Todes aufkeimen,
Dürre ist ein anderes Wort
für Nacht, Stille, Einsamkeit...

Die Stille ist oft der richtige Ort,
manches zu entdecken,
wahrzunehmen und zu hören.
In der Trockenheit,
in den Momenten des Mangels sprach der Herr zu mir,
Er zeigte mir den Weg, Ihm zu gefallen,
die Tugenden zu üben.

Die Führung des Herrn hat mit Vertrauen zu tun:
Er erwartet, daß wir uns Ihm überlassen,
Er gibt uns keine Vorräte,
Er gibt uns immer frische Nahrung,
Er nährt uns jeden Augenblick neu.

Die Führung des Herrn geschieht immer "jetzt",
Er verlangt jetzt Hellhörigkeit,
jetzt Vertrauen,
jetzt Offenheit des Herzens,
jetzt die Bereitschaft, sich beschenken zu lassen.

Der Augenblick gewinnt an Bedeutung,
da das Leben nur aus Augenblicken besteht,
die uns gegeben sind,
um Gottes Willen zu erfüllen.
Wenn ich Gott gehören will,
steht mir der Augenblick zur Verfügung;
wenn ich Gott in den Menschen dienen will,
steht mir der Augenblick zur Verfügung;
wenn Gott mit mir sprechen will,
steht mir der Augenblick zur Verfügung.

Gott zu gefallen ist eine Sache von Augenblicken,
in denen ich mich vergesse,
mich auf Gott einlasse
und mich von Ihm führen lasse.

Verletzung

Am Vorabend ihres Schleierfestes schreibt Thérèse an Céline: *Wie soll ich Dir sagen, was in meiner Seele vor sich geht?... Sie ist verwundet, aber ich fühle, diese Wunde ist von einer Freundeshand verursacht, durch eine göttlich-eifersüchtige Hand!... Jesus allein hat diese Sache geführt; Er ist es, und ich habe Seine Liebesberührung erkannt...*

(Brief an Céline, 23. September 1890)

Leid und Enttäuschung
sind oft die Ursache von Wunden und Verletzungen,
von unerfüllten Hoffnungen,
von Leere im Herzen.
Ja, die Wunde ist sichtbar,
der Mensch kann sie nicht vertuschen.

Der Glaube sagt Thérèse, daß diese Verletzung
nicht ein Racheakt,
ein Akt der Bosheit oder
der Böswilligkeit ist.
Nicht böse Absichten stehen dahinter,
sondern eine Freundeshand.

In der Enttäuschung und ihrer menschlichen Frustration
entdeckt Thérèse eine Hand,
die sie auf etwas aufmerksam machen will.
Jesus spricht zu ihr,

die Verletzung wird zum Ort der Begegnung,
zum Inhalt einer Botschaft.
Was will Jesus ihr sagen?

Eine göttlich-eifersüchtige Hand ist am Werk,
eine Hand, die Thérèses Aufmerksamkeit
ganz auf Jesus hinlenken kann.
Gott - eifersüchtig?
Auf wen?

Der Vater hat für Thérèse
die Liebe Gottes erlebbar gemacht.
Nun will Jesus selbst Thérèse die Liebe erfahren lassen,
Er will sie beschenken
und den Weg mit ihr wagen... -
doch vorher muß Thérèses Blick
umgelenkt, frei werden von Vermittlungen.

Die Verletzung bewirkt diese Umlenkung,
Thérèse besinnt sich,
sie entdeckt dabei eine Liebesberührung.
Jesus hat sich ihr mitgeteilt,
nicht mit Trompetenschall,
sondern im Rahmen einer menschlichen Enttäuschung.

Welch große Erweiterung erlebt Thérèses Geist:
Gottes Wege sind unerforschlich:
Enttäuschung,
menschliche Verletzung,
Momente des Leids sind auch ein Ort,
Gottes Liebe tief zu erfahren.

Vertrauen

Die Feier der Profeß ist für den 8. September 1890 festgelegt, die Vorbereitungsexerzitien beginnen am Freitag, dem 29. August.

Am 30. schreibt Thérèse an Schwester Agnès: *Die kleine Einsiedlerin muß Ihnen ihren Reiseweg angeben. Hier ist er: Vor der Abreise schien ihr Verlobter sie zu fragen, in welches Land sie reisen und welchen Weg sie einschlagen wolle usw. usw. ...*

Die kleine Braut erwiderte, sie habe nur einen Wunsch: den Gipfel des Berges der Liebe zu ersteigen. (...) Da nahm Jesus mich bei der Hand; Er ließ mich in einen unterirdischen Gang eintreten, wo es weder kalt noch warm ist, wohin kein Sonnenstrahl dringt, weder Regen noch Wind. Ein unterirdischer Gang, wo ich nur gedämpftes Licht sehe, das Licht, das die gesenkten Augen im Antlitz meines Verlobten ausstrahlen. (...) Der Weg, dem ich folge, hat keinerlei Trost für mich, und dennoch bringt er mir allen Trost, weil Jesus ihn ausgewählt hat und ich das Verlangen habe, Ihn allein zu trösten, Ihn allein!

(Brief an Sr. Agnès, 30. August 1890)

Braut und Bräutigam sind Bilder,
die uns an eine vertrauliche
und intensive Beziehung erinnern.
Es sind Vorstufen einer endgültigen Bindung,
eines gemeinsamen Weges, bis zum Tod.

Gott und Mensch,
Macht und Ohnmacht,
Heiligkeit und Versagen
wagen einen gemeinsamen Weg,
im Vertrauen auf das Wort und die Liebe Gottes.

Wer sich auf Gott einläßt,
entdeckt nach wenigen Schritten
die Herausforderung, die auf ihn wartet:
Er muß seine eigene Vorstellung,
die Wünsche, die im Herzen schlummern,
in Einklang bringen
mit den Vorstellungen und Plänen Gottes.
Es ist eine sehr anspruchsvolle
und unter Umständen nicht leichte Aufgabe.

Wer sich im Vertrauen einläßt,
muß mehrere Schritte machen:
blind werden,
wenn der Herr uns durch Dunkelheit führt;
sich auf Ihn verlassen,
wenn wir weder den Weg noch die Richtung kennen;
sich von Ihm allein leiten lassen -
und nicht von Gefühlen, die in uns hochkommen...

Auf den ersten Blick scheint die Beschreibung
paradox und widersprüchlich,
doch vom Glauben her gesehen ist sie zielführend:
Thérèse will den Gipfel des Berges erreichen,
hinaufsteigen...
Doch welche Überraschung,
welch große innere Umstellung ist notwendig,
ein totales Umdenken wird von ihr verlangt:
es geht durch einen unterirdischen Gang ohne Sonne.

Dieser Weg bringt Thérèse keinen Trost,
da sie in Dunkelheit wandelt;
er wird aber für sie sinnvoll,
als ihr bewußt wird,
daß der Herr sie auf diesem Weg führen will,
sie muß ihn gehen im Licht des Vertrauens.

Ihre erste Reaktion wird vom Glauben korrigiert.
Die Frage, ob der Weg auf den Gipfel des Berges führt,
verliert an Bedeutung:
Sie hat sich dem Herrn ganz anvertraut,
sie rechnet mit Seiner Führung.

Sie geht Ihm nach,
nur aus Liebe zu Ihm,
nicht um etwas von Ihm zu bekommen,
nicht Seiner Gaben wegen!
Braut und Bräutigam,
die füreinander leben
und einander ganz gehören wollen.

Hingabe

a) Heiligkeit

b) Gottes Barmherzigkeit

c) Der Sturzbach

d) Die Rose

e) Der Wille Gottes

Heiligkeit

Ich sah ein, daß es viele Grade der Vollkommenheit gibt und daß jede Seele frei ist, den Angeboten des Herrn zu entsprechen, wenig oder viel für Ihn zu tun, kurz, unter den Opfern, die Er verlangt, zu wählen. Da rief ich aus, wie einst in den Tagen meiner ersten Kindheit: «Mein Gott, 'ich wähle alles'. Ich will keine halbe Heilige sein, mir nicht davor, für dich zu leiden; nur eines fürchte ich, meinen Willen zu behalten; nimm ihn, denn 'Ich wähle alles', was du willst!...»

(Autobiographische Schriften, S. 23)

Viele Stufen stehen vor uns:
wir können uns auf die Einladung einlassen,
wir können mehr oder weniger intensiv,
mehr oder weniger selbstlos,
mehr oder weniger großzügig sein.
Wir haben die Freiheit,
die Einladung anzunehmen oder sie zu ignorieren,
uns darauf einzulassen oder nicht.

Die Inhalte sind für jeden gleich:
sich selbst vergessen,
nicht den eigenen Vorteil suchen,
nicht auswählen, sondern annehmen;
alles wählen, was Er will,
auch wenn es auf Kosten des eigenen Images geschieht.

Totale Hingabe bedeutet, alles zu wählen,
was Er will,
was Er geschehen läßt,
was Er auf uns zukommen läßt:
alles wählen,
die echte Hingabe ist total, bedingungslos.

Keine Halbheiten,
denn sie sind Ausdruck von Mangel an Hingabe,
Ausdruck von Angst, nicht von Liebe,
Ausdruck von Egoismus,
Ausdruck von Lauheit,
weder JA noch NEIN, Opportunismus.

Ein halber Heiliger bin ich,
wenn ich meinen Willen tue,
wenn ich meine Vorstellung von Heiligkeit suche.

Halbe Heiligkeit entsteht,
wenn ich Religiosität nach meinen Ideen,
nach meinen Gebeten,
nach meinen Opfern beurteile...
so fehlt nämlich die andere Seite.

Ich-Ansicht, Ich-Verständnis ist nur die halbe Seite.
Es gehört wesentlich dazu,
was der Herr plant und vorhat,
was Er wünscht...

Was Du willst,
wie Du es willst,
möchte ich erfahren und tun.

Gottes Barmherzigkeit

Damals ließ mich der liebe Gott erkennen, daß es Seelen gibt, auf die zu warten Seine Barmherzigkeit nicht müde wird, denen Er Sein Licht nur allmählich vermittelt, ich hütete mich daher, Seiner Stunde vorzugreifen und wartete geduldig, bis es Jesus gefiel, sie herbeizuführen.
(Autobiographische Schriften, S. 247)

Gottes Barmherzigkeit ermüdet nicht.
Er kann auf Menschen lange Zeit warten,
Seine Barmherzigkeit ist größer als ihr Zaudern,
als ihre Wankelmütigkeit und ihre Unentschlossenheit.

Gott paßt sich dem Vermögen des Menschen an:
Manchen wird das Licht plötzlich geschenkt,
auf einmal werden sie überwältigt;
anderen wieder nur allmählich,
Schritt für Schritt,
in kleinen Dosen...

Warum?
Gott kennt uns Menschen,
Gott sieht unsere Begeisterung und unsere Grenzen,
unsere Großzügigkeit und unsere Angst.
Nicht jeder Mensch verträgt die gleiche Behandlung:
Manche könnten überfordert werden,
sie könnten es nicht aushalten,
sie könnten so viel Licht auf einmal nicht verkraften.

Manchmal geht uns Gottes Therapie zu langsam...
Wir sind ungeduldige Mitarbeiter,
die den Herrn zwingen wollen,
nach unserem Tempo
und unseren Vorstellungen vorzugehen.

Gottes Mühlen mahlen langsam, sagen wir.
Gott bereitet den Boden unauffällig vor,
Er läßt das Gute in der Tiefe gedeihen,
erst dann wachsen die ersten Gräser...

Gott kann warten,
für Ihn sind ja tausend Jahre wie ein Tag.
Er kann warten,
bis der Mensch zu hören und verstehen vermag,
bis der Mensch fähig ist,
Schritte zu unternehmen.

Wer Gott kennt, weiß,
daß Seine Stunde kommt
und daß sie zum richtigen Zeitpunkt kommt.
Gott will nicht den Tod des Sünders,
sondern daß er umkehrt,
von neuem beginnt
und lebt.

Sturzbach

O Jesus, es ist also nicht einmal nötig zu sagen: «Indem du mich an dich ziehst, ziehe auch die Seelen, die ich liebe, an dich!» Dieses schlichte Wort: «Ziehe mich an dich» genügt. Herr, ich begreife es, wenn eine Seele sich vom berauschenden Duft deines Wohlgeruches bannen ließ, kann sie nicht einsam eilen: alle Seelen, die sie liebt, zieht sie hinter sich her; dies geschieht ohne Zwang, ohne Anstrengung, es ist eine natürliche Folge ihres Hingezogenseins zu dir. Wie ein Sturzbach, der sich mit Ungestüm in den Ozean wirft, alles, was ihm unterwegs begegnet, mit sich schwemmt, so, o mein Jesus, zieht die Seele, die in den uferlosen Ozean deiner Liebe eintaucht, alles Kostbare mit sich, das sie besitzt...

(Autobiographische Schriften, S. 270)

Der Sturzbach verliert sich in den Ozean,
mit Freude und Schwung,
nicht zaudernd schenkt er sich,
und dabei schenkt er alles.

Ein Sturzbach ist ein Sinnbild für Jugend,
in den Augen mancher vielleicht Unreife,
lärmende Begeisterung...
Die Jugend ist fähig, sich zu verschenken,
sie ist großzügig, selbstlos.

Der Sturzbach zeigt eine freudige Hingabe,

er schenkt alles, was sein Leben ausmacht,
und alles, was für ihn wertvoll ist.

Der Sturzbach nimmt alles mit,
was auf seinem Lebensweg auftaucht,
alles bringt er zum Ozean.
Auch der Mensch bringt alles zum Ozean,
zum Herrn.

Wer von Gott ergriffen ist, wird das Beste,
das Wertvollste zum Herrn hinbringen,
er wird Ihm alles schenken.
Wer vom Herrn ergriffen ist,
bringt die Menschen zu Gott,
ermöglicht Einheit mit dem Herrn.

Wer vom Herrn ergriffen ist,
denkt nicht nur an sich selbst,
er behält diese Erfahrung nicht für sich allein,
er wünscht, daß auch andere Gottes Nähe erfahren.

Ergriffen-sein ist die Kraft,
die uns in Bewegung setzt,
andere begeistert und motiviert.
Vom Herrn ergriffen zu sein ist das Entscheidende.

Wer vom Herrn ergriffen ist,
braucht keinen Zwang, sich einzusetzen;
die Kraft, die ihn selbst bewegt,
kann nicht im Herzen verborgen bleiben,
sie steckt andere Menschen an.

Eine entblätterte Rose

Jesus,
Diese entblätterte Rose, sie ist das getreue Abbild
Des Herzens,
Das sich für Dich ohne Einschränkung opfern will
In jedem Augenblick.
Herr, mehr als nur eine frische Rose freut sich,
Auf Deinen Altären zu leuchten;
Sie schenkt sich Dir...
Doch ich träume von etwas anderem!
Nämlich "mich selbst entblättern!"

Für Dich, Kind, muß ich sterben,
Du höchste Schönheit!
Welch glückliches Los!
Mich entblätternd, möchte ich Dir beweisen,
Daß ich Dich liebe,
Du meine Kostbarkeit!
(Gedicht 51)

Der Traum mancher frommen Rosen:
auf dem Altar stehen,
das Fest verschönern,
zugleich aber im Mittelpunkt der Blicke stehen.
Der Traum mancher Rosen,
immer blühen, immer duften...

Thérèse sieht ihre Aufgabe als Rose anders:
Sie will eine Rose entblättern,

in ihrer Frische,
wenn sie am schönsten blüht.
Sie will damit ihre Hingabe zeigen:
Hingabe ohne Einschränkung,
in jedem Augenblick,
nicht nur in Momenten der Begeisterung,
wenn die Sonne scheint
oder ein spiritueller Höhenflug ansteht.

Diese Art der Hingabe ist Thérèses Berufung.
Sie bejaht die Wünsche anderer Rosen,
sie akzeptiert, daß frische Rosen blühen wollen,
sie gönnt ihnen, auf dem Altar zu leuchten.
Während einige Rosen abgeschnitten werden,
verwelken andere am Stock.
Thérèse muß nicht im Mittelpunkt stehen,
sie will nur das eine:
das Fest des Herrn verschönern mit ihrer Hingabe.

Thérèses Hingabe ist ein progressives Sterben,
verwelken,
am Boden liegen,
vom Wind verweht werden.

In den Augen von Thérèse ist die entblätterte Rose
ein Symbol für Hingabe:
Blätter, die Liebe bezeugen.
In den Augen der Menschen
ist sie eine verwelkte Rose,
in den Augen Gottes ist sie eine Rose,
die aus Hingabe stirbt.

Der Wille Gottes

Oh! für wievieles habe ich doch Jesus zu danken, der alle meine Wünsche überreich zu erfüllen wußte!... Jetzt habe ich keinen Wunsch mehr außer dem einen, Jesus bis zur Torheit zu lieben...

Meine kindlichen Wünsche sind verflogen... Ich begehre auch nicht mehr nach dem Leiden oder dem Tod, und doch sind sie mir beide teuer. Nur die Liebe allein zieht mich noch an...

Lange habe ich mir Leiden und Tod gewünscht; das Leiden wurde mir zuteil, und ich glaubte auch, ans Ufer des Himmels zu rühren; ich glaubte, die kleine Blume würde in ihrem Frühling gepflückt werden... doch jetzt leitet mich nur noch die Hingabe, ich habe keinen anderen Kompaß!... Um nichts kann ich mehr mit Inbrunst bitten als darum, daß sich der Wille Gottes an meiner Seele vollkommen erfülle, ohne daß die Geschöpfe zum Hindernis werden können.

(Autobiographische Schriften, S. 183)

Schritte auf dem Weg zur Reifung...
Unterwegs sind in uns manche Wünsche,
manche Akzente entstanden,
mit denen wir Gott unsere Liebe zeigen wollten.
Mit der Zeit ist manches anders geworden:
Wünsche sind gestorben,
andere sind herangereift.

Wir wollten für Ihn leiden,
wir waren bereit zu sterben,
wenn Er dies von uns verlangt hätte:
Kein Schritt wäre uns zu schwer gewesen,
keine Forderung zu hart.

Wir waren bereit,
die Blume auch im Frühling pflücken zu lassen,
in ihrer Frische,
mitten im Leben, mitten im Werden,
als sie nur eine Knospe voll Zukunft war.

Je näher wir Gott sind,
desto deutlicher sehen wir
den Hintergrund unserer Wünsche,
die Motivation unserer Hingabe.
Sterben, um zu leben, ist unser Weg.

Je mehr sich der Mensch auf Gott einläßt,
desto mehr sterben menschliche Motivationen,
kurzsichtige Pläne und Erwartungen;
dafür wachsen Gottbezogenheit,
Modellierbarkeit für Gottes Eingebungen.

Je intensiver sich der Mensch auf Gott einläßt,
desto selbstloser wird er,
genügsam und bescheiden;
dafür aber wesentlich.

BÜCHER über die hl. Thérèse von Lisieux:

P. Conrad De Meester OCD, MIT LEEREN HÄNDEN, Die Botschaft der hl. Thérèse von Lisieux, Christliche Innerlichkeit, Wien 1995, 170 S. öS 130.-
Dieses Buch, das in mehreren Sprachen großes Echo gefunden hat, kann helfen, den Weg der französischen Karmelitin mit neuen Augen zu sehen und ihre Aktualität aufzuzeigen.

ICH GEBE MICH DEINER LIEBE HIN, Sondernummer der Zeitschrift *Gegenwart Gottes*, Juni 1995, öS 35.-
Dieses Heft bespricht den Weiheakt der hl. Thérèse an die barmherzige Liebe Gottes.

THÉRÈSE VON LISIEUX, Leben und Botschaft - erscheint im Frühjahr 1997.
Dieser Bildband - von Fachleuten aus dem Karmelorden vorbereitet - will im A4-Format (ca. 300 Seiten und mehr als 200 Farbfotos) - neben dem Leben und der Spiritualität der hl. Thérèse auch das Umfeld aufzeigen, das die junge Karmelitin geprägt hat. Ein sehr wertvolles Buch, das in den Bildern eine interessante Ergänzung findet.

AUF DEM WEG MIT THÉRÈSE, Sondernummer der Zeitschrift *Gegenwart Gottes*, Oktober 1996, öS 35.-
In der Doppelnummer der kleinen Zeitschrift wird der innere Werdegang der hl. Thérèse in einer sehr anschaulichen Form dargestellt.

P. Antonio Sagardoy OCD, THÉRÈSE VON LISIEUX, Zeichen der Hoffnung, Christliche Innerlichkeit, Wien 1996, 48 S. öS 50.-
Nach einigen Monaten ist bereits die zweite Auflage erschienen. Denkanstöße wollen uns die Gestalt der hl. Thérèse näherbringen.

Bestellungen:

Verlag CHRISTLICHE INNERLICHKEIT
Karmelliteratur
A - 1190 Wien, Silbergasse 35